ATLAS

HISTORIQUE,

OU

COLLECTION

DE TABLEAUX

FORMANT LA CHAÎNE DES GRANDS ÉVÉNEMENTS QUI ONT CARACTÉRISÉ CHAQUE SIECLE,

DESSINÉS par les plus grands Maîtres de l'Académie, & gravés par les meilleurs Artistes, à plusieurs Planches coloriées,

AVEC DES TABLETTES HISTORIQUES ET POLITIQUES

SUR TOUS LES PEUPLES DU MONDE;

PROPOSÉ PAR SOUSCRIPTION,

AVEC L'APPROBATION DU GOUVERNEMENT;

ET DÉDIÉ AU ROI,

PAR M. PHILIPPE SERANE.

A PARIS,

Chez { L'AUTEUR, rue Mêlée, Nº. 57, vis-à-vis du Commandant du Guet;
{ M. TRONC, rue neuve Saint-Pierre, au Marais.

M. DCC. LXXXIII.

Avec Approbation & Privilege du Roi.

L. JORRY, Imprimeur-Libraire de MONSEIGNEUR LE DAUPHIN, rue de la Huchette.

AV ROY.

SIRE,

L'honneur que *VOTRE MAJESTÉ* fait aux Arts & aux Sciences, en leur accordant son auguste protection, donne un nouvel éclat aux sublimes vertus qui vous rendent le modele des Rois, & une nouvelle énergie à l'industrie & aux talents.

L'accueil généreux que *VOTRE MAJESTÉ* a daigné faire aux premiers Essais de cet Ouvrage, lorsque j'ai eu l'honneur de lui en offrir le Prospectus, a redoublé mon courage & mes forces ; & je croirai mes travaux trop payés, si j'ai pu les rendre dignes de fixer un moment les yeux & l'attention du plus grand & du meilleur de tous les Rois.

J'ai cru, *SIRE*, devoir différer, jusqu'à l'heureuse époque de la Naissance de Monseigneur *LE DAUPHIN*, la publication de cet Ouvrage, destiné à faire un amusement & un spectacle de la plus utile de toutes les Études, & de la Science la plus nécessaire aux Princes.

J'ai l'honneur d'être, avec le plus profond respect,

SIRE,

DE VOTRE MAJESTÉ,

Le très-humble, très-obéissant
serviteur & très-fidelle sujet,
SERANE.

PROSPECTUS,
OÙ
PRÉFACE.

Historia si adsit ex pueris facit senes ;
Sin absit, ex senibus pueros..... *VIVES.*

SIECLE Ier.

LA Gravure, que nos grands Artistes avoient portée à un point au-delà duquel on ne prévoyoit pas que l'Art pût s'élever, vient d'acquérir un nouveau degré de perfection qui ne laisse rien à desirer. Les Planches coloriées, avec lesquelles nos habiles Graveurs imitent la vivacité, la fraîcheur, le moëlleux, & jusqu'aux plus légeres nuances des couleurs, ont élevé la Gravure au niveau de la Peinture qui lui sert de modele, & il ne manque plus à la gloire de nos premiers Artistes que des sujets dignes de leurs talents.

MALHEUREUSEMENT on ne leur a présenté jusqu'à ce jour que des objets peu capables d'échauffer leur génie & d'intéresser le goût des Connoisseurs. Des Plantes & des Animaux, des Costumes & des Bizarreries, des Vues pittoresques & des Ruines; voilà ce qui a occupé la plupart de nos Graveurs, & dont les Amateurs ont été obligés de se contenter : quelle apparence que de pareils sujets aillent à l'immortalité !

QUE n'avoit-on recours à l'Histoire, ce *Théâtre des Morts*, où les Vivants trouvent de si sublimes leçons pour les Peuples & pour les Rois, ce *Dépôt précieux* des révolutions humaines & des ressorts qui les ont opérées, ce *Tableau universel* dont la vue nous rend contemporains de tous les siecles, étoit le premier objet qui devoit fixer leur attention. C'est le seul qu'ils ont négligé, pour ne s'occuper qu'à peindre des *Plantes*, des *Insectes*, des *Rochers* ou des *Paysages.*

CEPENDANT, il faut l'avouer, quelques morceaux de l'Histoire ont été traités par d'habiles pinceaux; on a gravé des Batailles & des Horreurs, des faits qui ont intéressé quelques Particuliers, ou tout au plus l'Histoire nationale de quelques peuples; mais ces traits isolés ne sauroient satisfaire pleinement le goût, & on desire encore un *Recueil de Tableaux qui fixe la suite rapide des temps, les progrès lents des Sciences & des Arts, & la chaîne intéressante des grands événements ; qui offre, en un mot, un système suivi du Corps de l'Histoire, & où d'un coup-d'œil on puisse reconnoître les Hommes de tous les siecles, comme on découvre dans une Mappe-Monde toutes les Cartes géographiques.*

B

C'est ce vœu général de l'Univers qu'on a tâché de remplir dans cette Collection, unique par l'étendue, l'importance & la majesté des sujets. Tous les Programmes en sont finis, afin qu'on n'ait point à craindre la mort de l'Auteur comme un obstacle à la perfection de l'Ouvrage.

Pour réussir dans cette grande entreprise, on a mis à contribution tous les âges du monde, tous les points du globe & tous les Peuples de l'Univers, jusqu'à la naissante grandeur des Américains, dont la découverte a occasionné une secousse qui se fait encore sentir dans le monde politique & moral. On a pris dans chaque siecle les événements dignes de faire époque, n'admettant de faits particuliers que ceux qui ont entraîné des révolutions considérables. Ainsi chaque Planche peint un siecle entier; les principaux événements occupent les premiers plans, les faits accessoires sont représentés dans les seconds ou troisiemes; & ces proportions, en indiquant l'importance des sujets, ne contribuent pas peu à faire fracas dans l'ensemble, & à relever les grouppes principaux.

On se flatte que le Public qui, dans ce siecle philosophique, est avide de grandes idées & de plans d'une vaste étendue, distinguera cette *Galerie* de celles qui l'ont précédée : on la lui présente comme *une suite de fanaux placés d'espace en espace dans le cercle immense du temps, pour éclairer la scene ténébreuse des révolutions morales & politiques.*

Quelque savante que soit une Estampe, quelque sublime que soit son allégorie, il est impossible qu'elle embrasse tous les événements d'un siecle; il a donc fallu joindre à ces Tableaux, non seulement l'explication & le développement de leur sens allégorique, comme nous l'avions d'abord projeté, mais un corps d'Histoire qui remplisse toutes les lacunes que laissera la chaîne des Tableaux, & qui donne une idée de la politique des divers Etats qui ont paru avec quelqu'éclat depuis l'origine du monde jusqu'à nos jours.

Pour remplir ce vaste plan, que nous avons concerté avec des personnes du premier mérite, nous nous sommes décidés à fondre dans nos Tablettes historiques, un ouvrage considérable, que nous avions destiné pour l'éducation d'un grand Prince. Ces fragments choisis composent ces Tablettes historiques, divisées en LVIII chapitres.

1°. Chaque chapitre, enrichi d'une Vignette emblêmatique, contient un discours philosophique ou politique sur les causes de l'*Origine*, de la *Grandeur*, de la *Décadence* & de la *Chûte* des divers Etats.

2°. De là, comme d'un point fixe, nous jettons un coup-d'œil sur tout le globe, & nous faisons marcher de front toutes les Histoires particulieres.

3°. Ce discours est suivi de trois colonnes paralleles, dont la premiere présente la liste raisonnée des Hommes illustres qui ont paru dans le siecle; la seconde

offre un tableau rapide des événements remarquables, & la troifieme celui des
Arts & des Sciences.

Si l'immortel *Montefquieu* avoit écrit fur la politique de tous les Peuples, comme
il a fait fur celle des Romains, la moitié de la nouvelle tâche que nous nous
fommes impofée eût été remplie, & nous aurions été difpenfés de travailler à la
feconde, fi le célebre Préfident *Hainault* eut donné fur l'Hiftoire des diverfes
Nations des Tablettes femblables à celles qu'il nous a laiffées fur celle de France.
Mais ces deux Ecrivains n'ayant fait qu'indiquer la route à ceux qui voudront
parcourir l'Hiftoire en Philofophes, nous marcherons à la lueur des flambeaux
qu'ils ont allumés, & nous ne négligerons rien pour rendre intéreffante, aifée
& agréable la Science de l'Hiftoire, qui eft le grand livre des Légiflateurs &
des Magiftrats, des Rois & de leurs Miniftres, des Hommes d'Etat & des
Peuples qu'ils gouvernent.

CONDITIONS DE LA SOUSCRIPTION.

1°. Quoique le nouveau travail, auquel l'Auteur s'eft condamné, pour donner
à fon Ouvrage toute la perfection poffible, ait prefque tiercé fa dépenfe, le prix
de chacune des LVIII Eftampes, avec un *cahier des Tablettes hiftoriques
enrichi de fa Vignette*, eft refté fixé à 12 livres.

2°. Les obftacles, qui ont fait différer jufqu'ici cette magnifique Edition, étant
entiérement levés, la premiere livraifon, qui ne fera que de deux Planches, fe
fera dans le courant de Janvier prochain.

3°. La feconde livraifon, compofée de IV Planches, fera faite dans le courant
d'Avril, & toutes les autres, qui feront de VI Planches chacune, fe feront
fucceffivement de trois en trois mois.

4°. On paiera en foufcrivant 72 livres, à imputer fur la derniere livraifon;
& pour chacune des précédentes on paiera 12 livres pour chaque Epreuve qu'on
recevra.

5°. La foufcription fera ouverte jufqu'au premier Juillet prochain.

6°. MM. les Soufcripteurs recevront les premieres Epreuves fuivant la date de
leurs foufcriptions.

7°. En foufcrivant on recevra une quittance imprimée & fignée Serane,
Tronc, & remplie par M. de Greissac.

8°. Ceux qui n'auront pas foufcrit, ne feront fervis qu'après MM. les
Soufcripteurs, & paieront pour chaque Epreuve 15 liv.

ON fouſcrit depuis huit heures du matin juſqu'à une heure, chez l'Auteur, rue Mêlée, & chez M. T R O N C, rue Neuve Saint-Pierre, au Marais.

LES Lettres, franches de port, feront adreſſées à M. DE GREISSAC, rue Neuve Saint-Pierre, près des Minimes; ou à M. SERANE, rue Mêlée, N°. 57.

Nota. ON prévient le Public que les deſſins des Vignettes & des Tableaux font tous, à l'exception du premier, de M. LE BARBIER l'aîné, dont les talents ſi juſtement admirés de l'illuſtre Académie dont il eſt Membre, égalent à peine le zele, le goût & l'aſſiduité qu'il met à l'exécution de cet Ouvrage. L'Auteur lui rend avec plaiſir la juſtice qui lui eſt due, en avouant qu'il a ſaiſi ſupérieurement ſes idées, & qu'il remplit parfaitement tous ſes programmes.

DIVISION DES TABLEAUX

ANNONCÉS DANS LA PRÉFACE.

L'HISTOIRE ancienne & moderne, depuis la Création jusqu'à LOUIS XVI actuellement régnant, comprend CINQUANTE-HUIT SIECLES. Nous fixons également le nombre des Tableaux, qui doivent peindre les grands événements qui ont caractérisé chaque siecle, à CINQUANTE-HUIT, dont nous donnons ici la Notice succinte, afin qu'on voie d'un coup-d'œil toute la suite de la Collection que nous offrons au Public.

SIECLES.	TABLEAUX.	DÉNOMINATIONS.	ANNÉES.
Premier.	Premier.	DE LA CRÉATION.	L'an I.
IIᵉ.	2ᵉ.	Des Sacrifices, ou mort d'Abel.	100.
IIIᵉ.		Du culte public de la Divinité.	
IVᵉ.		De simplicité.	
Vᵉ.		De communauté.	
VIᵉ.	3ᵉ. *Tous ces siecles, peu fertiles en événements connus, & par conséquent peu intéressants, n'ont qu'un Tableau, qui est l'exposition de* la vie patriarchale, *vrai modele de* l'âge d'or, *chanté par les Poëtes.*	D'égalité.	200--900.
VIIᵉ.		De société.	
VIIIᵉ.		De frugalité.	
IXᵉ.		De vie pastorale.	
Xᵉ....	....4ᵉ......	D'Enoch.	987.
XIᵉ.		De corruption.	
XIIᵉ.		De désordre.	
XIIIᵉ.	5ᵉ. *Ces six siecles sont peints dans un seul Tableau représentant la séduction des* enfants de Dieu *par* les filles des hommes. *Les siecles de l'Histoire politique nous obligeront quelquefois, par l'abondance des matieres, de multiplier les Tableaux.*	D'impiété.	1000--1600.
XIVᵉ.		De perversité.	
XVᵉ.		Des Géants.	
XVIᵉ.		D'abrutissement.	
XVIIᵉ.	6ᵉ.	Du Déluge.	1656.
XVIIIᵉ.	7ᵉ.	Des Chinois.	1700.
XIXᵉ.	8ᵉ.	Des Assyriens.	1800.
XXᵉ.	9ᵉ.	Des Egyptiens.	1900.
XXIᵉ.	10ᵉ.	D'Abraham.	2080.
XXIIᵉ.	11ᵉ.	De Sémiramis.	2100.
Idem.	12ᵉ.	D'Inachus, ou d'Argos.	2148.
XXIIIᵉ.	13ᵉ.	De Jupiter.	2200.
XXIVᵉ.	14ᵉ.	De Joseph.	2300.
XXVᵉ.	15ᵉ.	De Cécrops, ou d'Athenes.	2448.
XXVIᵉ.	16ᵉ.	De Moyse.	2500.
XXVIIᵉ.	17ᵉ.	De Minos.	2600, &c.
XXVIIIᵉ.	18ᵉ.	Des Amazones.	2700, &c.
XXIXᵉ.	19ᵉ.	De la prise de Troye.	2800, &c.
XXXᵉ.	20ᵉ.	De Codrus.	2900, &c.
XXXIᵉ.	21ᵉ.	De Salomon.	3000, &c.
Idem.	22ᵉ.	Des Jeux Olympiques.	3100.

SIECLES.	TABLEAUX.	DÉNOMINATIONS.	ANNÉES.
XXXIIe.	23e.	De Lycurgue.	3125, &c.
XXXIIIe.	24e.	De la Fondation de Rome.	3250.
XXXIVe.	25e.	Des Horaces & des Curiaces.	3340.
Idem.	26e.	De Cyrus.	3450.
XXXVe.	27e.	De la République Romaine.	3495.
XXXVIe.	28e.	De l'Histoire.	3500, &c.
XXXVIIe.	29e.	D'Alexandre.	3648.
XXXVIIIe.	30e.	De la Philosophie.	3700, &c.
XXXIXe.	31e.	De la ruine de Carthage.	3840.
Idem.	32e.	De César.	3930.
XLe.	33e.	D'Auguste.	4000.
Idem.	34e.	De JESUS-CHRIST.	L'an 1er, &c.
XLIe.	35e.	Des Apôtres.	100, &c.
XLIIe.	36e.	De la décadence de l'Empire Romain.	200, &c.
XLIIIe.	37e.	De Zénobie.	267, &c.
Idem.	38e.	Des Martyrs.	275.
XLIVe.	39e.	De Constantin.	300.
XLVe.	40e.	De la Monarchie de France.	420.
XLVIe.	41e.	De Bélisaire.	560.
Idem.	42e.	De la Monarchie d'Angleterre.	597.
XLVIIe.	43e.	De Mahomet.	622.
XLVIIIe.	44e.	De Charles-Magne.	742.
XLIXe.	45e.	Des Normands.	800, &c.
L^e.	46e.	De l'Empire d'Allemagne.	912.
LIe.	47e.	De la Fondation des Moines.	1086.
LIIe.	48e.	De la Chevalerie.	1100.
LIIIe.	49^e.	De Gengiskan, Empereur du Mogol.	1226.
LIVe.	50^e.	De l'Artillerie.	1320.
LVe.	51^e.	Du Nouveau-Monde.	1492.
LVIe.	52e.	De Gustave.	1523.
Idem.	53e.	De Henri IV.	1593.
LVIIe.	54e.	De Louis XIV.	1638.
Idem.	55e.	Du Czar Pierre Ier.	1700.
LVIIIe.	56e.	Des Rois bienfaisants, ou de LOUIS XVI.	
Idem.	57e.	Des Insurgents.	
Idem.	58e.	De JOSEPH II.	

L'explication de la Planche & de la Vignette se trouve à la fin du Cahier.

TABLETTES
HISTORIQUES
ET PHILOSOPHIQUES.

PREMIER SIECLE.
DE LA CRÉATION.

LE premier siecle du monde a pris son nom du premier, du plus grand & du plus incompréhensible de tous les événements, si ce nom peut convenir à la *Création*, œuvre caractéristique de la Divinité, qu'il est également impossible de concevoir & de décrire. Si la réunion des forces & du génie de tous les hommes pouvoit créer, je ne dis pas un Ciel, un Soleil ou une Planete, mais un Insecte, une Bulle de Rosée ou un Atôme, le succès d'un pareil effort pourroit nous donner une idée de la Création ; mais cet espoir nous est interdit, & par ce seul mot, il est démontré que l'idée que nous nous formons de la puissance du Créateur est infiniment défectueuse. C'est à l'homme vraiment sage à se consoler de cette foiblesse de l'intelligence humaine, & à se contenter d'admirer ce qu'il connoît dans l'ouvrage des six jours.

DEPUIS les éléments de la *Matiere brute* jusqu'à celui de l'*Air*, invinciblement élastique & si fécond en prodiges par son élasticité, jusqu'à celui de l'*Eau*, qui par son étonnante mobilité participe en quelque façon à la vie, & va d'elle-même porter l'abondance & la fertilité dans toutes les parties du Globe ;

jufqu'à l'élément du *Feu*, dont la force deftructive déconcerte, dévore & femble anéantir tout ce qui l'approche; & qui cependant, endormi dans les veines du Caillou, refferré entre les lames du Bois, enveloppé dans les globules Huileux, répandu dans tous les Eléments, enfermé dans toutes les parties de la Matiere, & toujours prêt à former un incendie univerfel, n'a de force & d'action qu'autant qu'il plaît à l'homme de le tirer de cette efpece de léthargie où l'ont affujetti les loix de la Création.

Les Plantes.

DEPUIS l'*Herbe rampante*, dans laquelle l'éternelle Sageffe a concerté des Fibres, entrelacé des Arteres, confolidé des Chairs, alongé ùn Cœur moëlleux depuis les racines jufqu'au fommet de la tige, équilibré tous les Refforts néceffaires à la vie, & environné tout l'enfemble d'une triple écorce, jufqu'au *Cedre* du Liban.

Les Animaux.

DEPUIS le *Papillon volage* jufqu'à l'*Aigle altier*, depuis le *Ciron* invifible jufqu'à l'énorme *Eléphant*; depuis le *Nautile* induftrieux, qui fe fert à lui-même de nef, de mât, de voile, d'aviron & de Pilote, jufqu'à la monftrueufe *Baleine*. Depuis les tréfors qui couvrent le Globe qui nous fert de nourriture & de tombeau, jufqu'au voile immenfe qui couvre l'Univers, le Créateur paroît auffi admirable lorfqu'il mefure les dimenfions d'un Atôme, que lorfqu'il allume les Soleils; auffi grand lorfqu'il fait ramper l'infecte que lorfqu'il fait rouler les Cieux.

QUAND à ces connoiffances imparfaites, l'homme pourroit joindre celle du Feu vivifiant des Aftres, du Cours majeftueux des Planetes, du Vol hardi des Météores enflammés, des Parures de la lumiere, de l'Excentricité des Cometes, des Pavillons liquides qui enveloppent chaque Terre, de l'Harmonie & de la dépendance qui fe trouvent entre chacun de ces phénomenes, & la confervation du tout; en un mot, quand il connoîtroit la police qui regne dans cette fociété compliquée des Globes, qui marchent fous l'œil du Créateur dans un filence refpectueux, il auroit une foible idée de la fageffe qui a bien difpofé toutes chofes, il n'en auroit aucune de la Puiffance qui a fait que ce qui n'étoit rien exiftât. Il y a infiniment plus loin du Néant à un Atôme, que d'un Atôme à l'Immenfité entiere.

IL nous fuffira donc d'obferver, d'après le plus fage & le plus ancien des Hiftoriens, que Dieu, qui s'étoit fuffi à lui-même de toute éternité, n'avoit befoin d'aucun être pour la plénitude de fon bonheur & de fa gloire. Il lui plut cependant d'étendre fa bonté à des créatures, & fa volonté féconda le néant. A fa parole les temps commencerent, le Ciel étendit fon voile immenfe, les Aftres s'allumerent, les Planetes fufpendues autour de leurs Soleils, entreprirent leur cours régulier; les Eléments vivifiants commencerent à fe combattre pour toujours; les plantes végéterent, & l'animal refpira.

LE Globe de la Terre étant enrichi de tout ce qui pouvoit contribuer au
bonheur

bonheur de fes habitants, DIEU fit L'HOMME à fon image & à fa reffemblance,
il lui accorda l'empire fur tous les animaux & fur toutes les productions de
la terre, & mit le comble à fon bonheur en lui donnant une compagne qu'il
forma d'une de fes côtes.

DIEU ne pouvant rien faire que pour fa gloire, il devoit à fa Majefté de
donner un précepte à fa Créature favorite, afin qu'elle n'oubliât jamais fa
dépendance; il devoit à fa Bonté de rendre ce précepte doux & facile à
remplir, & c'eft ce qu'il fit en abandonnant à l'homme l'ufage de tous les
animaux & de tous les fruits de la terre, & ne lui interdifant que celui de
l'Arbre de la Science du bien & du mal.

QUELQUE facile que cet ordre fût à exécuter, il fut trop onéreux pour la
première femme, qui, pervertie par les infinuations du ferpent, & par l'attrait
du fruit, féduifit fon mari, & lui fit goûter le fruit fatal. A peine Adam s'eft
révolté contre fon Auteur, que toute la Nature fe révolte contre lui : les
animaux le fuient comme un Tyran, ou le harcelent comme un Ennemi; les
Éléments mutinés lui déclarent une guerre fans fin; la Terre, qui jufqu'alors
n'avoit été qu'un jardin délicieux & naturellement fécond, devient un fol
infertile, dont il ne peut rien arracher qu'à la fueur de fon front. Lui-même
devient le théatre d'un bouleverfement *plus* affreux encore. L'Ignorance étend
fon voile ténébreux fur fon Efprit, & de là les erreurs de toute efpece : la
Corruption domine impérieufement fur fon Cœur, qui devient le centre de tous
les vices; *& tous fes defcendants,* enveloppés dans fon crime, doivent, comme
lui, marcher à travers les douleurs, les miferes & la mort, vers une éternité de
fupplices.

C'EST alors que Dieu promit à l'homme qu'il fe fouviendroit de lui, & qu'il
lui donneroit un jour un Rédempteur.

TELLE eft l'époque de la Religion du CHRIST. Auffi ancienne que le monde,
elle eft née avec lui : formée pour l'Eternité, fon triomphe s'affermira fur les
débris de l'Univers.

NOUS ferons attentifs déformais à faifir les traits auxquels on pourra
reconnoître ce divin Meffie, quand il paroîtra : nous écouterons fes Prophetes
en faire l'hiftoire avant fa naiffance : nous verrons fon image deffinée dans
les Figures qui précéderont fon avénement, & nous tâcherons d'éviter avec
la même précaution le Pirrhonifme en démence, & l'abfurde crédulité.

D

NOTES HISTORIQUES.

Hommes Illustres.	*Événements remarquables.*	*Sciences & Mœurs.*
Siecle Ier. Adam, premier homme du monde, pere de tout le genre humain, & seul Roi de l'Univers entier, prend possession de son domaine au commencement du monde : les Animaux obéissent à sa voix, & les Fruits mûrissent selon ses desirs. Ses sens parfaits lui font goûter des plaisirs dont nous n'avons pas d'idée; son Cœur porté au bien, jouit de toutes les douceurs de la Vertu, & son Intelligence, ornée par infusion de toutes les connoissances dont est susceptible l'esprit humain, jouit de toutes les douceurs intellectuelles. Eve, la premiere & la plus forte de toutes les femmes, puisqu'elle fut créée avec toutes les belles qualités de son sexe, sans aucun des défauts qu'elle a laissés pour héritage à ses semblables, met au monde deux enfants d'un caractere entiérement opposé. *Abel*, né avec un caractere doux, est un modele de piété : *Caïn* au contraire ne respire que pour le mal.	Chûte de l'homme. Révolte de tous les animaux contre ce Roi dégradé par son orgueil. Depuis la timide *Colombe* jusqu'à l'*Autruche* sauvage; depuis le plus petit *Vermisseau* jusqu'au terrible *Dragon*, jusqu'au *Tigre* farouche : tous le fuient, depuis sa désobéissance, comme un objet d'horreur; ils le craignent comme un Tyran, ou le harçelent comme un Ennemi redoutable. Plusieurs Ecrivains ont pensé que Dieu, pour punir la désobéissance de l'homme, inclina l'axe de la terre; de cette inclinaison, disent-ils, est née l'inégalité des saisons, qui entraine, avec les maladies du corps, les inégalités de l'esprit & du cœur, source funeste de tous les maux qui désolent l'Univers. Voilà comme la sagesse humaine dégrade tous les jours l'éternelle sagesse, en lui prêtant la foiblesse de ses idées & la bassesse de ses vues. Qui ne voit pas que l'inclinaison de l'axe est un chef-d'œuvre de la Bienfaisance céleste? Dans cette disposition, chaque climat a successivement son printemps & son été, les Fruits mûrissent par-tout, & un seul Astre tient lieu de la multiplicité des Soleils qui eût été nécessaire dans tout autre système.	Les plus hautes Sciences, les Connoissances les plus sublimes, & tous les principes des Arts sont réunis dans Adam, qui les perd au moment de sa chûte, & n'acquiert à leur place que la connoissance du mal & la honte de sa nudité. L'art de plaire & de séduire est déjà dans sa perfection en la personne d'Eve, qui en fait un usage si funeste à l'Univers. Premiere feuille du livre redoutable de la Justice céleste, ouverte en la personne d'Adam & de ses descendants, qui naissent tous dans la malédiction, puisqu'ils naissent malheureux. *Sous un Dieu juste, nul être sensible ne peut souffrir s'il n'est coupable.* Depuis la chûte d'Adam, toutes les Sciences sont réduites à des idées grossieres du Labourage & des Arts de premiere nécessité.

EXPLICATION DE LA PLANCHE.

Dans un des nuages qui couvrent le haut de la Planche, on voit dans l'enfoncement l'œil de la Providence. Un rayon de ce symbole de la Divinité tombant sur le chaos, en fait sortir l'Univers dans l'ordre marqué par l'Ecriture Sainte. Une partie du Zodiaque, qui borde les nuages opposés à l'œil du monde, indique les systêmes planétaires, qui sont cachés aux yeux dans le tableau, comme leurs loix sont inconnues à notre intelligence. Le reste du tableau représente une face du Globe de la Terre couverte d'eaux qui s'élevent en vapeurs. Du sein de ces vapeurs on voit sortir, suivant le texte sacré, les oiseaux du Ciel; & la partie desséchée est couverte de plusieurs grouppes d'animaux, au milieu desquels Adam est appuyé contre l'arbre de vie. Eve sa femme, ayant une main sur ses épaules, lui présente de l'autre la pomme fatale, & paroît être secondée dans sa séduction par le serpent, qui souffle à leurs oreilles, & observe leur contenance.

EXPLICATION DE LA VIGNETTE.

UN rayon de la Gloire célefte fortant d'un angle, tombe fur le Génie de la Nature, qui développe un rouleau où l'on apperçoit, 1°. notre fyftême planétaire, avec les lignes elliptiques qui indiquent les cours des Globes. 2°. Les Aftres, formant diverfes conftellations, donnent une idée du planifphere célefte, tableau idéal de l'Univers, le refte eft caché dans le rouleau.

Siecle Ier.

AVIS.

ON a coupé la fuite de cet Ouvrage, en donnant, pour les deux premieres livraifons, trois Tableaux de l'Hiftoire fainte, & trois de l'Hiftoire profane, pour le développement defquels on fépare auffi du corps de l'Ouvrage trois Chapitres de l'Hiftoire fainte, & trois Chapitres de l'Hiftoire prophane. On a cru devoir prendre ce parti, afin que les Amateurs jugent du génie de la compofition, & de l'Art des Graveurs dans l'un & l'autre genre. Après les deux premieres livraifons, tous les Tableaux & les Chapitres des Tablettes Hiftoriques feront délivrés felon leur ordre chronologique.

MM. les Soufcripteurs auront la bonté de mettre à leur place chronologique, les fix Cahiers des deux premieres livraifons, en faifant relier l'Ouvrage entier.

www.ingramcontent.com/pod-product-compliance
Lightning Source LLC
Chambersburg PA
CBHW050736070726
47597CB00009B/3957